Herbert M. Frank

ganz persönliche REIME

die Jahre

novum pro

Bibliografische Information der Deutschen Nationalbibliothek:

Die Deutsche Nationalbibliothek verzeichnet diese Publikation in der Deutschen Nationalbibliografie. Detaillierte bibliografische Daten sind im Internet über http://www.d-nb.de abrufbar.

Alle Rechte der Verbreitung, auch durch Film, Funk und Fernsehen, fotomechanische Wiedergabe, Tonträger, elektronische Datenträger und auszugsweisen Nachdruck, sind vorbehalten.

© 2015 novum Verlag

ISBN 978-3-99048-206-3
Lektorat: Volker Wieckhorst
Umschlagfoto:
Lobodaphoto920 | Dreamstime.com
Umschlaggestaltung, Layout & Satz: novum Verlag

Gedruckt in der Europäischen Union auf umweltfreundlichem, chlor- und säurefrei gebleichtem Papier.

www.novumverlag.com

*Du wirst es kaum glauben,
auch dieses Bändchen
widme ich Dir,
meine liebe Hanne.*

Weisenheim, im Mai 2009

Inhalt

Vorwort

Seit mehr als zehn Jahren versuche ich, unsere guten Wünsche zum Jahreswechsel mit ein paar Reimen zu verbinden. Mal sind es mehr oder weniger passende Bemerkungen zu aktuellen Themen, etwa zur Einführung des Euro oder zur Finanzkrise. Mal sind es mehr oder minder tiefschürfende Gedanken zu weihnachtlichen Motiven wie dem Nürnberger Christkindlesmarkt oder auch zum Advent in Kapstadt.

Diese „Jahresend-Reimerei" ist schon fast zur Tradition geworden. Und Tradition verpflichtet. So fiel es ziemlich leicht, mich zu überzeugen, das alles etwas zusammenzustellen.

Nun reichten aber die bis dato „gesammelten Werke zum Jahreswechsel" nicht aus, dieses Bändchen zu füllen. Da habe ich mich kurz entschlossen, unter der Überschrift „die Jahre" einfach einige, teils schon veröffentlichte Glückwunschreime zu anderen wichtigen Jahresereignissen, in der Hauptsache runden Geburtstagen, hinten dranzuhängen.

Eine Ausnahme: Aus gegebenem Anlass werden **Die Siebzig** natürlich vorangestellt.

Die Siebzig – mal anders

Was soll man zu siebzig schon sagen?
Was fällt einem Typisches ein?
Man könnte den Brockhaus mal fragen.
Doch der meint: was Typisches? Nein!

Auch Duden hilft einem letztendlich
nicht weiter, gibt nur zu versteh'n,
was ohnehin schon selbstverständlich,
dass siebzig halt sieben mal zehn.

Dabei sind die Zahlen, die runden,
nicht einfach nur multipliziert.
Sie sind auch spezifisch verbunden.
Man spricht da von assoziiert.

Wer denkt nicht bei 10 an Gebote?
An Moses, den Berg Sinai,
wo ziemliches Unheil ihm drohte.
Da hatt' es gewittert – und wie!

Vielleicht zählt auch mancher die Finger.
Die sind nicht umsonst dezimal.
Computerfrei rechnen die Dinger
von eins bis zur zehn. Optimal!

Die 20 verbind' ich indessen
mit Fußball auf Rasen und Sand.
Die Torleute kann man vergessen.
Die spielen den Ball mit der Hand.

Was soll man mit 30 anfangen?
Man kommt automatisch auf den,
den Krieg, diesen dreißig Jahr' langen.
Das ist nun mal wirklich nicht schön.

Da nehmen wir lieber die Tage,
die dreißig, wie jüngst im April.
Der Juni hat s' auch. Keine Frage.
November selbst, wenn man so will.

Die 40, die bilden 'ne Schwelle,
besonders für d' Schwaben im Land.
Da werden die urplötzlich helle.
Das hat Papa Heuss schon erkannt.

Dass 50 die Hälfte von Hundert,
ist selbst uns Schwachmatikern klar.
Darum hat es keinen verwundert,
dass kürzlich Europa-Fest war.

Die 50 sind sonst auch nicht selten.
Ist ratsam man hält sich daran,
wenn fünfzig als Höchst-Tempo gelten.
Man hat sich da ganz schnell vertan.

Die 60 ist unwidersprochen
nun wirklich exzeptionell.
Das hab' ich vor fünfhundert Wochen
bereits hier erläutert. Stimmt? Gell!

Erinnert euch an die Minuten!
Denn sechzig ergeben exakt
'ne Stunde. Es ist zu vermuten,
im Sechzig-Sekunden-Takt.

Die 60 sind ebenso wichtig
im Skat. Gut gespielt. Wird gezählt.
Hast sechzig. Dann ärgerst dich richtig,
weil ein dummes Auge dir fehlt.

Es ließ sich noch Manches verbinden
mit sechzig als Stichwort im Sinn.
Für 70 jedoch was zu finden,
für 70, scheint einfach nicht drin.

Dabei wär' es heute gerade
entscheidend. Es wird nicht so leicht
das Ende der siebten Dekade
mit Haltung und Würde erreicht.

Verzweifelt auf Eingebung hoffend,
die Hoffnung stirbt schließlich zuletzt,
hab' ich die Entscheidung getroffen
und einfach auf Google gesetzt.

Und siehe! Es war wie ein Wunder.
Ich kannte nur sieben. Doch nein!
Der Google behauptet ganz munter,
dass 's siebzig Stück Weltwunder sei'n.

Und wie zum Beweis die Adresse
vom richtigen Bücherverlag.
Damit ich es ja nicht vergesse
bis hin zu dem heutigen Tag,
hab' gleich ich ein Buch mir erstanden
und neugierig reingeschaut.
Die wenig und ganz unbekannten …
Wollt' wissen, wer hat die gebaut.

Die siebzig, ob Jahre, ob Bauten,
sind wahrlich 'ne stattliche Zahl.
Auch wir, die schon leidlich Ergrauten,
wir ziehen den Hut allemal.

Dabei lässt sich kaum übersehen,
dass wir – das sag' ich zum Trost –
noch nicht unter Denkmalschutz stehen.
Gesund sollst Du bleiben! Dann: Prost!

Alle Jahre wieder

Alle Jahre wieder
kommt das Christuskind.
Alle Jahre wieder
denkst du: Menschenskind,
könnt'st nicht mal beizeiten
ohne Stress und Hast
alles vorbereiten?
Alles! Nicht nur fast …

Hättest schon begonnen
damals im August,
hätt'st die Zeit gewonnen,
die jetzt suchen musst!
Hättest die Präsente,
die du wollt'st, gekriegt,
müsstest nicht am Ende
nehmen, was da liegt.

Müsst', um einzukaufen,
nicht noch bis zum Schluss
umeinanderlaufen.
Schierer Überdruss!

Nur um zu erkennen,
dass dir doch was fehlt.
Nutzlos all dein Rennen,
das Ergebnis zählt.

Wird nichts übrig bleiben,
führt kein Weg d'rum rum:
Wieder Gutschein schreiben,
ist's auch noch so dumm!

Und die Weihnachtskarten
müssten längst schon weg.
Sollen weiter warten,
hat ja doch kein' Zweck!
Ganz allmählich zeigt sich
Resignation.
Frust – und der noch reichlich –
macht sich breit. Doch schon
rührt sich dein Gewissen
und erinnert dran.
Nichts mit Ruhekissen!
Weitermachen, Mann!

Also musst' dich sputen.
Soweit ist es klar.
Sollen deine guten
Wünsche zum Neujahr
nicht erst nach sechs Wochen
(um die Fachingszeit)
an die Türen pochen,
dann wird's höchste Zeit.

Darum und deswegen
jetzt und hier und laut:
Recht viel Glück und Segen
und 'ne heile Haut!

(zum Jahreswechsel 1996/97)

Gutschein – ein Gedicht

Gutschein heißt die große Masche.
Unsereiner kennt sich aus!
Trottelt nicht mit Einkaufstasche
selber noch ins Warenhaus.
Christkind spielend rumzulaufen?
Heute lässt als feiner Mann
einfach man den ander'n kaufen
irgendwo und irgendwann.
Nach dem Fest auf alle Fälle.
Freilich ist der Gabentisch
unter'm Baum, die Freudenquelle,
etwas spärlich dann. Doch frisch,
richtig locker kann der Jubel
und die Freude nachher sein:
Mitten in dem Umtauschtrubel,
ist die Auswahl noch so klein,
ran an Speck und nicht gezögert,
bis das gute Gutschein-Stück
end- und ordentlich verhökert.
So bringt Schenken Freud' und Glück!
Taugt das Ding nichts, passt's nicht richtig,
unsereinen juckt das nicht;
denn des Käufers Wahl ist wichtig.
Gutschein' sind schon ein Gedicht.

(zum Jahreswechsel 1997/98)

Zum Millennium

Obwohl das Jahrtausend noch längst nicht vorbei,
die meisten, die möchten's halt gerne so haben.
Für mich ist das – ehrlich gesagt – einerlei,
an welchem Silvester das Ding sie begraben.

Denn stimmen tut s' eh nicht, die Zeitrechnerei.
Der Jesus kam nicht Ende Null auf die Erden.
Es stimmt aber eines, dass – wie dem auch sei –
wir wieder ein bisselchen ältlicher werden.

Da scheint's mir von großer Bedeutung zu sein,
dass wir alle fit sind und mitfeiern können.
In diesem Jahr allemal. Und obendrein
im nächsten. Warum nicht ein zweites Mal gönnen?

So fangen wir sämtliche Spatzen. Prosit!
Begrüßen zunächst mal die Zwei vor den Nullen
und jubeln am Ende gebührend noch mit,
wenn and're dann echt das Jahrtausend einlullen.

(zum Jahreswechsel 1999/2000)

Fröhliche Weihnacht

Von drüb'n aus Nürnberg komm' ich her;
ich kann Euch sagen, dort weihnachtet's sehr.
All überall in den Straßen und Gassen
drängten sich Leute und Menschen in Massen.
Am Bahnhof schon, beim Königstor,
sah erstmals ganz schüchtern das Christkind hervor.
Und wie ich mich schob durch den Handwerkerhof,
eingequetscht wie so ein Apostroph,
„Herbertla", flüstert's da freundlich und hell,
„üb' in Geduld dich, es geht nicht so schnell."

Der Himmel war grau, es war schon fast Nacht,
den Leuten hat's offenbar nichts ausgemacht.
Die fielen über die Bratwärschtla her
und machten Glühweinbecher um Becher leer.

Doch manchmal sah ich auch frohe Gesichter,
die freuten sich mit mir über die Lichter,
die vielen, mit denen die Stadt
sich weihnachtlich festlich herausgeputzt hat.

Da waren auch Musiker, die etwas spielten,
und solche, die sich für solche hielten.
Ein Mann mit 'nem Schild „aus dem Banat",
der geigte gar schaurigen Walzer-Salat.
Und die in den Ponchos, wohl aus Peru,
die gaben ihr'n rhythmischen Segen dazu.
Die Bläser, die in der Lorenzkirch' drin,
zu hören dagegen, war ein Gewinn.
(Dabei hätt' mich fast dieser Menschenstrom
vorbeigespült, vorbei an dem Dom.)

Bevor's mich dann runter zur Pegnitz trug,
ich hatte wohl immer noch nicht genug,
erhascht' aus dem menschlichen Dickicht
hinüber zur Burg einen herrlichen Blick ich.
Und drunten auf der Museumsbrücken,
da war's dann schier gar zum Erdrücken.
Da konnt' man vor lauter Germanen
das Heilig-Geist-Spital nur noch erahnen.
Apropos Germanen! Das stimmt nicht so ganz.
Der auf der Fleischbrück' wedelt mi'n Schwanz.
Was der so zu hör'n kriegt,
klingt deutsch nur mitunter,
und fränkisch ist überhaupt ganz selten drunter.

Doch irgendwie endlich ist es geschafft.
Mehr g'schoben als wirklich aus eigener Kraft,
war'n wir am Hauptmarkt und mittendrin
– da wollten als Kinder wir immer schon hin –,
zum Christkindlesmarkt in der
Vorweihnachtszeit.
Die Augen geh'n auf und
die Herzen werd'n weit.
Es liegt schon besond'rer Geruch in der Luft.
Zu Glühwein und Würstl kommt Lebkuchenduft.
Und von der Empore hört man sie singen.
Ob Engelstimmen tatsächlich so klingen?

Auf einmal sah ich Rupprecht, den Knecht,
den mit der Rute. Ich wusst' nicht so recht,
sollte ich ihm zur Verfügung stehen.
Ich entschied mich, lieber zu gehen.
Ich fragte nicht lange. Ich war halt so frei.
Grad war ich am Schönen Brunnen vorbei,
da torkelten einzelne Flocken aus Schnee
von oben herunter aus himmlischer Höh'.

Die konnten nicht bleiben, sie wurden nicht alt.
Dafür war der Boden nicht ausreichend kalt.
Und doch hab'n die Flocken leise und sacht
ein bisschen Weihnachtsstimmung gebracht.

So ging ich noch bis zur Sebalduskirch' rauf.
Drinnen war Licht und die Türe war auf.
Da waren ganz viele Leute im Schiff.
Es dauerte etwas, bis ich begriff,
dass ich soeben den Schluss
eines Weihnachtskonzerts erlebt haben muss.
Und wie zur Bestärkung, als kleines Bonbon
– so hatte auch ich ein bisschen davon –
klang noch mal der Chor mit mächtigem Hall:
Fröhliche Weihnacht überall! …

(zum Jahreswechsel 2000/01)

Die D-Mark geht. Der Euro kommt.

Die D-Mark geht. Der Euro kommt
mit Münzen neu und Scheinen.
Die Leute reagieren prompt,
sind traurig. Manche weinen
der guten alten Währung nach,
mit der uns viel verbindet;
empfinden sogar Ungemach
darob, dass sie verschwindet.

Verständlich ist das Ganze schon.
Letztendlich ist das „Wesen"
Symbol für Leistung und für Lohn,
für Aufschwung stets gewesen.
Und zudem war die Deutsche Mark
in über fünfzig Jahren
kein Schwächling, sondern stark.
Wir sind recht gut gefahren.

Kein Wunder also der Verlauf.
Das ist wie sonst im Leben,
wenn einer, der noch bestens drauf,
beliebt und kraftvoll eben,
vom Haken seinen Filzhut nimmt
und sagt: „Ich muss jetzt gehen.
Will hoffen, dass die Rente stimmt."
Man kann's nur schwer verstehen.

So sagen wir halt „Tschüss, mach's gut!",
vielleicht auch leise „Servus!"
und hör'n erstaunt schon den Salut
für'n Nachfolger, der her muss.
Ein bisschen viel Lobhudelei
für einen, den noch keiner
so richtig kennt. Doch einerlei,
er wird bald unsereiner.

Der Euro hat's ja auch nicht leicht.
Er soll schon jetzt brillieren,
und hat Matura grad erreicht.
Da gilt's noch zu studieren.
Was helfen da die Starter-Kits?
Ich will mich nicht versteifen,
doch sagte schon der Alte Fritz:
„Begreifen kommt von greifen."

Drum lasst uns ohne Vorbehalt
und unvoreingenommen
den Neuen akzeptieren. Bald
wird auch der Nutzen kommen.
In diesem Sinne – alles klar?
Wir wünschen Euch von Herzen
fürs neue Jahr, fürs „Euro-Jahr"
viel Glück und keine Schmerzen.

(zum Jahreswechsel 2001/02)

Wir Franken

Wer denkt schon an Weltmachtgröße,
wenn man von den Franken spricht?
Keiner gebe sich die Blöße,
sage gar, das stimme nicht!
Franken, Stamm der Westgermanen;
Chlodwig, man erinn're sich!
Karl der Große. Uns're Ahnen
waren gar nicht kümmerlich.

Zugegeben, diese Namen
sind nicht mehr ganz aktuell.
Woll'n nicht in Geschichte kramen.
Ruhm vergeht nun mal sehr schnell.
Aber eins sei festgehalten
(so viel Wahrheit muss schon sein):
Uns're Franken, diese alten,
links und rechts vom deutschen Rhein,
haben aus den vielen Stämmen
nach der Völkerwanderung
eine Einheit formen können,
war'n die Kraft der Einigung.

Und insofern war'n sie eben
stimulierendes Moment
für das kulturelle Leben,
das man abendländisch nennt.
Gleich bedeutsam, gleiche Richtung:
Sie sind auch das Fundament
der politischen Entwicklung
auf Europas Kontinent.

Wenn wir heute definieren,
wer und was ein Franke sei,
wär' zunächst zu konstatieren:
jedenfalls mal frank und frei.
Frank? Na klar! Doch frei auch immer?
Ja, da gibt's schon ein Problem.
Ganz so frei, das sind sie nimmer,
ganz so frei wie ehedem.
Geografisch Bayerns Norden,
Teil des Freistaats nebenbei.
Unterjocht, mit ander'n Worten,
durch die Münch'ner Staatskanzlei.

Hätt' noch schlimmer kommen können.
Die Gefahr war nicht so klein.
Franken hätt's passieren können,
Preußens Südprovinz zu sein.
Dann schon lieber mit den Bayern,
so ein bisserl blau und weiß,
als mit denen rumzueiern.
Lieber Bayer als ein Preuß'.

Außerdem – und das ist wichtig –
Franken sind auf ihre Art
zwar loyal, doch nie so richtig
subaltern und pflegezart.
Also sinnen sie nach Wegen,
ihrem Joch sich zu entzieh'n.
Unternehmen was dagegen,
geben sich nicht einfach hin.
Handeln, ohne groß zu grollen.
Wenn schon München Hauptstadt ist,
und die dort bestimmen wollen,
greift man zu 'ner kleinen List.

Bayern braucht für seine Wirtschaft,
für Regierung und fürs Land
Leute mit Entschlusskraft,
zuverlässig, mit Verstand.
Echte Leistungsträger eben.
Und die liefert nun einmal
schon seit Jahren, gottgegeben,
Franken ab in großer Zahl.

Diesem Umstand zu verdanken
ist der – eigentlich trotzdem! –
Nationalstolz dieser Franken.
Sicherlich ein Phänomen.
Ohnehin in deutschen Gauen
rar geworden generell,
gilt der Stolz, mit dem die schauen,
keiner Nation aktuell.
Nicht der Stolz der Chauvinisten.
Nicht wie Frankreichs „Grande Nation".
Auch nicht wie Separatisten.
Eher Asterix und Sohn.

Was hält Franken so zusammen?
Woher kommt dies Wir-Gefühl?
Nur weil sie von Saliern stammen?
Das erklärt nicht allzu viel.
Sind wohl mehr ihr Typ und Wesen,
die bei aller Eigenart
sich wie **ein** Charakter lesen.
Eigenbrötelei, gepaart.

Wortkarg sind sie, knapp im Reden.
Schnauze ist nicht ihr Brevier.
So ein Franke mag nicht jeden,
ist auch selten Kavalier.
Dafür gradheraus und ehrlich,
ohne groß Diplomatie.
So was ist für ihn entbehrlich.
Solchen Schnickschnack braucht er nie.

Widersprüchlich wirkt sein Wesen.
Doch er ist unkompliziert.
Hat zwar Haken, Kanten, Ösen,
ist nicht hochglanzaufpoliert.
Protz und Pomp möglichst vermieden,
große Spuren nicht sein Ding.
Aber mit sich selbst zufrieden.
Typ Hemdsärmel, Sonderling?

Über sich nur selbst verfügen!
Diffizil darf es schon sein.
Denkt nicht gern in groben Zügen,
eher schon mal klein in klein.
Seine Qualitäten ruhen
im Detail, der Präzision.
Stichwort Nadeln, Spielzeug, Uhren.
Handwerkliche Tradition.

Dabei ist er durchaus heiter,
ist kein Kind von Traurigkeit.
Märkte, Feste und so weiter –
manchmal gibt's auch heftig Streit.
Eigenartig, wenig herzlich
ist der fränkische Humor.
Deftig und ein bisschen schwärzlich
kommt er ander'n meistens vor.

Auch beim Essen ziemlich deftig.
Franken essen gerne gut,
nicht so wenig, aber kräftig –
wenn man schon was Gutes tut.
Preis und Menge angemessen.
Also wird der Rest verputzt.
Alles wird schön aufgegessen,
auch der Löffel wird benutzt.

Frankens Einheit kommt ins Wanken,
geht es um die Trinkerei.
Hier die Bier- und Seidla-Franken,
dort die Wein-Boxbeutelei.
Wenige sind unentschieden.
Manche sind ganz einfach „bi“.
Wasser? Als Getränk gemieden.
Ohne Not trinkt man das nie.

Und das Land der Franken? Putzig!
Fachwerkhäuser, malerisch;
enge Städte, Burgen trutzig.
Mittelalter. Trügerisch.
Gibt nicht wenige, die meinen:
viel Idylle, wenig Raum.
Mag das Land romantisch scheinen,
seine Leute sind es kaum.

Franken war in früh'ren Jahren
(eins der letzten übrigens)
Reservat' des sonderbaren
homo macho sapiens.
Fränkische Emanzen haben
unterdessen mit Bedacht
sein Revier ihm untergraben,
ihm das Leben schwer gemacht.

Jedenfalls trifft man nur selten
noch ein solches Exemplar.
Artenschutzgesetze gelten
auch nicht immer, offenbar.

Man muss Gott für alles danken
(Fazit, Schluss und Resumee),
auch für Ober-, Unterfranken
und für Mittelfranken eh.

(zum Jahreswechsel 2002/03)

Kapstadt im Advent

Der Wind weht recht kräftig vom Tafelberg her,
sodass ein'm die dreißig Grad
kühl fast erscheinen.
Die Adderley Road hat zwar regen Verkehr,
doch hastige Eile entdeckt man bei keinem.

Das Bild dieser Straße ist überaus bunt.
Die Leute, mehr Schwarze und Coloured als Weiße.
Die einen flanieren. Die hab'n keinen Grund
zur Hektik. Die anderen seltsamerweise,
ob dienstlich, ob einfach nur irgendwie da,
bewegen sich auch nicht sehr schnell von der Stelle.
Kein Vorweihnachtsstress und kein großes Trara.
Kein alberner Nik'laus rückt ein'm auf die Pelle.

So ganz ohne Rummel geht's wiederum nicht.
Letztendlich, man weiß sich ja Christmas verpflichtet.
Dafür sorgen Lampen und Ketten von Licht.
Dazu hat man Brücken aus Drähten errichtet,
die Road überspannend, wie anderswo auch.
Doch Schlitten und Engel, die sucht man vergeblich.
Auch Kerzen und Sterne sind wohl nicht der Brauch.
Dafür ist die Schar fremder Tiere erheblich.

Und außerdem leuchten die nicht nur still rum.
Die sind wie im Trickfilm „beweglich" geschaltet.
Da reichen sich Affen Bananen – nicht dumm.
Da springen die Böcke – kein Muskel erkaltet.

Da kau'n Krokodile. Nur eines hält still.
Wohl weil es vor'm Rendezvous halt mal soeben
die Zähne vom Wächter geputzt haben will.
Kaum fertig, da sieht man den Vogel entschweben.

Nur oben, am Ende der Prachtstraße schon,
da steht etwas, was man mit einigem Willen
als eine Art Tannenbaum-Imitation
erkennt (Akazie, denk' ich im Stillen).

So alles in allem, es fällt einem schwer,
'ne richtig adventliche Stimmung zu kriegen.
Und dann der Gedanke daran, wie es wär',
am Heiligen Abend im Strandsand zu liegen.

Dabei – mal ganz ehrlich! – es sagt der Verstand,
dass Bethlehem auch nicht im Schwarzwald gelegen.
Und Tannen gab's auch nicht im Heiligen Land.
Gar schneeweiße Weihnacht?!
… Bei uns schon: von wegen!

Und dennoch gestehe ich freimütig ein:
Ich möchte die Tannen und Kerzen nicht missen,
den Lebkuchenduft und den „glühenden" Wein.
Das g'hört halt dazu – trotz besserem Wissen.

(zum Jahreswechsel 2003/04)

Weißt du, wie viel Sternlein stehen …?

„Weißt du, wie viel Sternlein stehen …?"
Schönes Lied aus Kinderzeit.
Dieser Frage nachzugehen,
war'n wir nur zu gern bereit.

Sind vermummt hinausgegangen
in 'ner klaren Winternacht,
hab'n zu zählen angefangen –
und Erfahrungen gemacht.

Erstens waren's viel zu viele.
Die zu zählen – viel zu schwer!
Zweitens, wie zum Possenspiele,
wurden es auch immer mehr.

Zwischen all dem Sternefunkeln,
schauten wir nur länger rauf,
tauchten schüchtern aus dem Dunkeln
immer neue Sternlein auf.

Wenn ich eben jene Frage
nach der Zahl der Sternlein stell'
uns'rer Jugend heutzutage,
kommt als Antwort eventuell:

Lied hat Wilhelm Hey geschrieben.
Info aus dem Internet.
Zahl ist Google schuldig 'blieben.
Ob ich ander'n Suchpfad hätt'?

Oder aber gleich der klare
zahlenmäßige Bescheid:
Null! Denn weder Stars noch Stare
steh'n am Himmel. Tut mir leid.

Fixe Sterne wie Trabanten,
alle, dunkel oder hell,
sind sie, selbst die unbekannten,
in Bewegung rasend schnell.

Stand des Wissens, unbestritten.
Antwort richtig, zweifelsfrei.
Doch sie geht mit großen Schritten
an der Frage Kern vorbei.

„Weißt du, wie viel Sternlein stehen …?"
Unser Wissen, riesengroß,
reicht nicht aus, so wie wir sehen.
Woran liegt das Ganze bloß?

Schließlich wissen wir doch heute
weitaus mehr als je vorher.
War'n sie auch gescheite Leute
uns're Ahnen. Wir sind mehr.

Schon die schiere Menschenmasse
macht das Plus an Wissen aus.
Fehlt vereinzelt auch die Klasse,
in der Summe gleicht sich's aus.

Dazu kommt, und das ist wichtig,
uns're ganze Wissenschaft
ist vernetzt, was folgerichtig
Zugriff zu dem Wissen schafft.

Was man weiß, lässt sich erfassen,
kriegen wir auf Wunsch serviert.
Können's sauber drucken lassen,
obendrein noch wohl sortiert.

Einen Stoff aufzubereiten,
gleiche Menge und fundiert,
hätte noch zu Einsteins Zeiten
einer jahrelang studiert.

Ständig wächst das Wissen weiter.
Das gilt auch fürs Sternenzelt.
Jeder Tag macht uns gescheiter,
bringt uns Neues aus der Welt.

Etwas über schwarze Massen,
Kugelhaufen, Galaxien,
Monster, die ganz ohne Straßen
ihre Bahn im Kosmos zieh'n.

Und wir schweifen in die Ferne,
forschen über'n Sonnenwind,
über Novas und selbst Sterne,
die gar keine Sterne sind.

Alles das in Dimensionen
Jenseits jeder Fantasie.
Raum und Zeit in Millionen.
Vorstell'n kann ich mir das nie.

„Weißt du, wie viel Sternlein stehen …?"
Immer wieder fasziniert,
in den Himmel hochzusehen,
auch wenn gar nichts dort passiert.

Will die Forscher ja nicht hindern.
Wissensdrang ist ihre Pflicht.
Möchte aber mit den Kindern
wieder staunen. Und mehr nicht.

34

(zum Jahreswechsel 2004/05)

Die Schwarz-Rote

Im Mai war's, im Lande der Nord-Rhein-Westfalen.
Da gab es mit Spannung erwartete Wahlen.
Der Rüttgers, die Schwarzen, die hatten gewonnen.
Die Pfründe der Roten gar ärg'lich zerronnen.
Doch Schröder, an sich der beklagte Verlierer,
erwies sich mal wieder als alter Taktierer.
Noch ehe die Schwarzen den Sieg recht begossen,
da hat unser Gerd aus der Hüfte geschossen,
hat einfach die Bundestagswahlen verschoben –
und sich bei dem Kraftakt noch nicht mal verhoben.

Zum Rücktritt, da war er sich aber zu schade.
Er wählte stattdessen riskantere Pfade.
Hat all seine Autorität aufgeboten,
hat seine Vertrauten, die Grünen und Roten,
verdonnert (er brauchte erst kein'n zu beknien),
im Bundestag ihm das Vertrau'n zu entziehen.
Kritik oder Tadel kam bei den Strategen,
dem Gerd wie dem Franz, offenbar noch gelegen.

Die CDU, nicht von den überaus schnellen,
die braucht' ihre Zeit, sich aufs Neu' einzustellen.
Doch gut die Prognosen. Es lässt sich warm schlafen.
Man wähnte sein Schiff schon im sicheren Hafen.
Dann kam's, wie so oft schon. Wir kennen's vom Fußball.
Den Gegner im Griff, das Heu schon im Kuhstall.
Es schlichen sich Fehler ein, Fehlpässe kamen.
Die Chancen vergeben. Ich nenn' keine Namen.

Die Deckung zu lässig auf bayrischer Seite.
Ein Eigentor! Plötzlich stehst d' dicht vor der Pleite.
Und Schröder schafft tatsächlich kurz vor dem Ende
den Ausgleich, die sehr überraschende Wende.
Den möglichen Sieg hat in letzter Minute
der Oskar vermasselt. Wobei ich vermute,
das war nur zum Teil sozialistische Sache.
Das war nicht zuletzt 'ne verspätete Rache.

Remis! So was hilft beiden Seiten nicht weiter.
War'n beide Verlierer und nicht viel gescheiter
als vorher. Den Wähler erstaunt die Debatte,
die er mit dem Patt selber ausgelöst hatte.
Jetzt bastelt man eifrig an Koalitionen,
mischt Farben in sämtlichen Kombinationen.
Als Ampel, als „Schwampel".
Auch schwarz wird jetzt bunter!
Ja, schließlich ist selbst 'ne „Jamaika" darunter.

So bunt aber sollte das Ganze nicht werden.
So schnell schon gleich gar nicht.
Mal sacht' mit den Pferden!
Die Grünen, Ex-Partner der Roten, die grollten,
weil sie absolut kein Teil „Schwampel" sein wollten.
Die Gelben, des öfter'n als wacklig beschrieben,
sind nicht umgefallen, sind standhaft geblieben.
Die dunkleren Roten wollt' keiner paktieren.
So mussten die Großen sich selbst koalieren.

War das ein Gezeter und Hickhack gewesen.
Tagtäglich war Neues vom Schacher zu lesen.
Es hat ein paar Wochen in Anspruch genommen,
bis Schröder letztendlich zur Einsicht gekommen,
dass dreißig und fünf in Prozenten betrachtet
doch mehr ist als dreißig und vier. Ungeachtet
so kleinlicher Dinge, das muss man ihm lassen,
hat erhobenen Haupt's er die Bühne verlassen.

Der Müntefer-Franz, bei dem ging es g'schwinder,
der machte den „Dicken" und staunte nicht minder,
wie seine Partei ihm Gehorsam verwehrte.
Worauf konsequent er den Rücken zukehrte.
Da war noch der weiß-blaue Stoiber zugange.
Der zaubert und zaudert ein bisschen zu lange,
will erst einen Super-Minister abgeben,
um dann sich zu drücken und heimwärts zu streben.

Schlussendlich jetzt ist sie tatsächlich geboren,
die schwarz-rote Koalition eingeschworen.
Nur ein Punkt, der bleibt noch zu protokollieren:
Die Angela Merkel, 'ne Frau, wird regieren.
Insofern verbieten sich fast von alleine
Vergleiche mit ander'n, ob große ob kleine.
Sie hat weder Sitzfleisch, wie Kohl es besessen,
noch wird sie mit Schröder sich „medial" messen.

Doch vieles bleibt ähnlich. Regieren heißt Führen.
Und Macht möchte keiner rasch wieder verlieren.
Das ganze Theater kommt teuer zu stehen.
Wir werden es merken. Ist heut' schon zu sehen.
Der Schauspiel-Verein ist, man weiß es, fast pleite.
Die Bühne bleibt trotzdem in Höhe und Breite.
Das Schauspiel-Ensemble wird keinesfalls kleiner.
Die Zeche zahlt wiederum wer? Unsereiner!

Denn unsere Zuschauer-Preise, die steigen.
Das wird sich im kommenden Jahr bereits zeigen.
So müssen wir eben mit schwarz-rotem Kragen
auf relativ hohem Niveau weiter klagen!
Ein Schuss Optimismus würd' auch nicht grad' schaden.
Man könnte die Chose dann leichter ausbaden.
Drum lasst souverän uns das Neujahr beginnen.
Ich meine, so könn'n wir am besten gewinnen.

(zum Jahreswechsel 2005/06)

Gedanken um den Weihnachtsbaum

Mein Gott, wie die Tage laufen!
Mein Gott, wie die Zeit vergeht!
Musst schon wieder Christbaum kaufen.
Nächste Woche ist's zu spät.

Will mal nicht gleich übertreiben.
Ist's auch wirklich nicht mehr weit,
etwas Muße muss schon bleiben,
grade in der Weihnachtszeit.

Wenn ich heute Christbaumsterne
mit den Enkeln säg' aus Holz …
Basteln tun sie nur zu gerne.
Und am Ende sind sie stolz.

Kann ich selber gut verstehen.
Solche Weihnachtsbastelei
ließ auch ich mir nicht entgehen,
war als Kind mit Verve dabei.

Liegt zurück schon ein paar Jährchen,
doch ich seh' sie noch wie heut':
die Figuren aus den Märchen.
Liebevolle Holzarbeit,
die uns Vater da gemacht hat.
Christbaumschmuck besond'rer Art.
Und – was mancher nicht bedacht hat –
jedes Stück ein Unikat.

Jedes hatte 'ne Geschichte,
jedes war für sich ein Satz.
Neben Kerzen auf der Fichte
hatt' nur noch Lametta Platz.

Dieser Baum, der stand im Zimmer
auf dem Tisch. Und nebendran
(Gleiche Höhe? Weiß ich nimmer.)
Puppenhaus und Eisenbahn.

Aufgebaut für vierzehn Tage,
für zwei Weihnachtswochen nur.
Trotzdem – völlig außer Frage –
für uns Kinder Freude pur.

Seit den Kriegs- und Nachkriegszeiten
fand so mancher Wandel statt.
Auch in den Gepflogenheiten.
Heute ist fast jeder satt.

Kann man selbst am Christbaum sehen.
Der ist keine Fichte mehr.
Haben eine Tanne stehen.
Fichtenbäume nadeln sehr,
wenn nicht jüngst im Wald geschlagen,
also nicht mehr ganz so frisch.
Dafür darf er höher ragen,
steht am Boden, nicht am Tisch.

Hat sein Silberhaar verloren,
trägt heut' kein Lametta mehr.
Kugeln hängen an den Ohren.
Tun nur so, die sind nicht schwer.

Und die Kerzen auf den Zweigen
sind nicht mehr auf Wachs erpicht,
sind elektrisch, still und schweigen,
leuchten, aber brennen nicht.

Und die Holzschnitt-Märchenszenen
hängen auch nicht mehr allein.
Zinnfiguren neben denen,
Erzgebirgler Schnitzerei'n.

Keine Eisenbahn daneben,
noch steht auch kein Puppenhaus.
Doch könnt' sein, dass wir's erleben.
Uns're Enkel seh'n so aus.

Ihre strahlenden Gesichter.
Rote Bäckchen, aufgeregt.
Die Geschenke, viele Lichter.
Bis sich mal die Spannung legt,
dauert's eine ganze Weile.
Doch dann kehrt die Ruhe ein,
wird gespielt, ganz ohne Eile,
ob allein, zu dritt, zu zwei'n.

Freu'n uns schon auf übermorgen.
Frohes Fest auch dieses Jahr!
Und ein Neujahr ohne Sorgen!

Hanne, Herbert (alles klar?!)

(zum Jahreswechsel 2006/07)

Der Weihnachtsmann

Es ist schon ziemlich lange her, ihr Leute,
man mag sich kaum erinnern dran,
doch hab'n auch wir, wie uns're Enkel heute,
geglaubt an ihn, den Weihnachtsmann.

Der hat mit Poltern und dergleichen
sich angekündigt. Und kam rein
mit Mütze, Bart als Hoheitszeichen
und dunkler Stimme obendrein.

Erst wollt' er wissen von uns dreien,
wer wer ist. Dann hat er gefragt,
ob wir denn brav gewesen seien.
Da haben wir glatt „Ja!" gesagt.

Ein bisschen mulmig – zugegeben –
war uns dabei bestimmt zumut';
denn Mama stand ja gleich daneben.
Und die kannt' uns nur allzu gut.

Nur ein paar Jährchen später kamen
– die zweite Phase Weihnachtsmann! –
die ersten Zweifel auf. Wir nahmen
so Manches wahr, was nicht sein kann.

Da rutschte mal der Bart beiseite,
da klang die Stimme zu vertraut.
Mal haben aus des Mantels Weite
die Schuh' vom Papa vorgeschaut.

Dann war da noch die Überlegung:
So schnell ist keiner, ehrlich, nein,
bei allen Kindern der Umgebung
zur gleichen Zeit präsent zu sein.

Da brauchten wir nicht lang zu bohren.
Der Glaube an den Weihnachtsmann,
der ging uns einfach so verloren,
war weg, eh man sich recht besann.

Viel später gab's ein Wiedersehen.
Nach zwei Jahrzehnten irgendwann,
als sei derweilen nichts geschehen,
da war er wieder da, der „Mann“.

Es war ein Unterschied, ein kleiner,
zum Weihnachtsmann vor Tag und Jahr;
denn jetzo war es unsereiner,
der **in** der Maskerade war.

Wir war'n erwachsen, hatten Kinder.
Und die, die glaubten fest daran,
war'n fasziniert, erregt nicht minder.
Und sahen ein'n mit großen Augen an.

Sie hörten zu, ganz Ohr, wie selten,
hab'n leichte Kritik akzeptiert.
Es waren fast verschied'ne Welten.
Man hat die Spannung schier gespürt.

Der „Mann“ war nicht ganz unbefangen.
Das war die Phase Nummer drei.
Auch diese Zeit ist längst vergangen,
auch dieser Abschnitt ist vorbei.

War Freud' und Stress in gleichem Maße,
ob vor, ob „in" dem Nikolaus.
Und heute in der vierten Phase?
Heut' seh'n wir bestenfalls so aus.

44

(zum Jahreswechsel 2007/08)

Die Finanzkrise

Es ist schon seit uralten Zeiten sehr schwer,
mit eigener Arbeit zu Reichtum zu kommen.
Und müht sich der Einzelne doppelt und mehr,
es ist schier unmöglich, genauer genommen.

Als einer der Auswege böte sich an,
von Reichen 'ne Tochter zum Weib sich zu wählen.
Doch erst eine finden! Und find'st eine, dann
darf Liebe nicht unbedingt vorrangig zählen.

Schon früh zeigten Mächtige fieses Gebar'n,
um redlichen Schaffern die Groschen zu stehlen.
Was einstmals der Klerus und Raubritter war'n,
ist heute der Staat, dem die Mittelchen fehlen.

Kein Wunder daher – das sag ich mal kühn –,
dass viele es satt sind, sich ehrlich zu schinden,
und lieber nach Kräften sich darum bemüh'n,
ein'n anderen Weg hin zu Wohlstand zu finden.

Seit alters schon bietet da Handel sich an.
Nicht der um die Ecke im Emma'schen Laden.
Für richtigen Profit wär' der zu profan.
Es sei hier zu wertvoll'rer Ware geraten.

War's früher die Seide, Gewürze und Gold,
sind's heute vielleicht rohes Öl oder Waffen.
Am besten im Ausland und wenig verzollt.
Doch leicht ist das nicht. Geschäft kommt von schaffen (?).
Ne weitere Masche, hinlänglich bekannt,
ist die, an Bedürftige Geld auszuleihen,
zu „üblichen" Zinsen, auch Wucher genannt.
Bei solchen Krediten spricht mancher von Haien.

In jüngerer Zeit kam 'ne Menge hinzu
an interessanten Finanzinstrumenten.
Verfeinerte Tricks. Und das ist der Clou:
Man braucht kaum mehr Zeit und kaum Geld aufzuwenden.
Zumindest zunächst nicht. Optiert halt anstatt.
Hat Hebelkonstrukte und Index-Optionen.
Papiere verkaufen, die man gar nicht hat.
Kredite verscheuern, die faul sind, nicht lohnen.

Die Liste ist lang, die Versuchung war groß.
Finanzer und Banker sind findige Leute.
Es stiegen Gewinne und Aktien. Bloß:
Es ging nicht so weiter. Das wissen wir heute.

Der Heißluftballon, der da himmelwärts stieg,
der war nicht solide. Es platzte die Blase.
Die Zocker, kurz vorher noch „Engelchen flieg!",
die lagen ganz plötzlich verdutzt auf der Nase.

Und Unglück im Unglück: Es breitet' sich aus.
Der Sturz war gewaltig. Die Brocken, die flogen
weit über die reine Finanzwelt hinaus
und haben viel mehr noch ins Unheil gezogen.

Jetzt ist er kaputt, dieser Geldautomat.
Wer soll für die Sünden der Geldgier nun büßen?
Der Staat soll es richten. Doch wer ist der Staat?
Wir alle mal wieder. Knecht Ruprecht lässt grüßen.

Knecht Ruprecht gibt Stichwort für Weihnacht und so,
für Grüße und Wünsche zum Wechsel der Jahre.
Das Christfest sei friedvoll und mache euch froh!
Ein gütiges Schicksal vor Schaden bewahre!

(zum Jahreswechsel 2008/09)

Der wirklich erste Geburtstag

Der Vater stolz, die Mutter froh.
Und beide glücklich sowieso.
Auch Oma, Opa sind's nicht minder.
Die haben jetzt drei Enkelkinder.
Nach den beiden munt'ren Knaben
Fein, ein Mädelchen zu haben.
Ein halber Meter junges Leben!
Kann es etwas Schön'res geben?
Diese sechs Pfund schiere Wonne!
Junges Glück, euch lach' die Sonne!

Achtzehn oder Erwachsen werden

Gestern, da war ich noch unreif und klein,
konnte ein Kind sein und lachen.
Gestern, da wollte ich großjährig sein,
selber entscheiden und machen.

Heute, nun bin ich erwachsen und groß,
werd' akzeptiert von den Alten.
Heute, da frag' ich: Weswegen denn bloß
muss ich mich auch so verhalten?

Der Einundzwanzigste

Ja, früher, als ich jünger war als heute,
da meinten nicht nur offizielle Leute,
dass man mit achtzehn, neunzehn, zwanzig
noch gar kein ganzer Mensch ist an sich;
denn erst mit einundzwanzig Lenzen
erschlossen sich Erwachs'nen-Grenzen.
Zwar durfte mancher Bursche schon
zu Felde zieh'n für Kaiser's Lohn,
für Führer, Volk und Vaterland,
bevor zivil er Anerkennung fand.
Und manche Maid hatt' längst schon Kinder
und dennoch galt als Mensch sie minder,
bevor ihr nicht erst dreimal sieben
an Lebensjahren gutgeschrieben.
Das ist jetzt anders, Gott sei Dank!
Man kann mit achtzehn schon zur Bank
und wählt und unterschreibt allein
so manchen unbekannten Schein.
Doch so ein bisschen Nostalgie,
ich meine, schaden kann die an sich nie.
Und da ich auch fürs Feiern bin,
macht einundzwanzig heut' noch Sinn.
Es muss – das bilden wir uns eben ein –
ein ganz besonderer Geburtstag sein.

Toast auf einen Dreißiger

So jugendlich du an sich bist,
die Jugend selbst ist schon vorbei.
Selbst wenn du weiterhin Nutella isst,
dem Altern ist das einerlei.

Du bist im Lebenssommer jetzt,
und das noch für geraume Zeit.
Nütz' **und** genieß sie! Nicht zuletzt
schafft beides auch Zufriedenheit.

Ein Mann mit vierzig

Ein Mann, der ist mit vierzig
– und wer's nicht glaubt, der irrt sich –
nicht schon per se ein Mann.
Vom Alter her natürlich
und sicher auch figürlich,
da wär' schon alles dran.

Doch das allein reicht eben
nicht aus in unser'm Leben
als gültiger Beweis,
dass man der Schöpfung Krone
und nicht nur graue Zone
so zwischen Kind und Greis.

Dazu braucht es halt Taten,
die sichtbarlich verraten
der Nachwelt, wie schon jetzt,
was man denn von den vielen
Aufgaben, Plänen, Zielen
auch wirklich umgesetzt.

Es gilt seit hundert Jahren
(so wird noch heut' verfahren):
Drei Punkte machen's aus,
ob einer, der ein Mann ist,
ein wirklich ganzer Mann ist:
ein Sohn, ein Baum, ein Haus.

Gezeugt, gepflanzt, errichtet.
Ergänzend sei berichtet
als Merkmal Nummer vier,
was durchgemacht sein sollte
(auch wenn man's so nicht wollte):
ein Rausch von Wein und Bier.

Zwar haben sich die Zeiten
und viele Kleinigkeiten,
wie wir so mittendrin,
geändert. Doch behalten
die Regeln, diese alten,
noch immer ihren Sinn.

Ein'n Sohn gezeugt zu haben,
ein'n wetterfesten Knaben,
geschnitzt aus eig'nem Holz,
das sorgt fürs Weitergehen,
der Sippe Fortbestehen
– und zudem macht's noch stolz.

Und einen Baum zu pflanzen,
das ist im großen Ganzen
auch nicht nur Gärtnertum.
Es heißt für Nachwelt sorgen,
heißt: heute was für morgen
ohn' Eigennutz zu tun.

Ein Haus, 'ne Burg zu bauen,
da hat man schon zu kauen
(nicht nur beim Rohbaufest),
bis letztlich alle trocken
und warm und sicher hocken
wie Schwalben in ihr'm Nest.

Im Rausch sieht man, wie witzig,
wie fad und auch wie hitzig
ein Mann ist. Nebenbei
kann man und and're können
nicht allzu schwer erkennen,
wie standfest einer sei.

So allgemein betrachtet,
Symbolik ungeachtet,
sehr weit bringt uns das nicht.
Da woll'n wir lieber sehen,
wie derlei Dinge stehen
bei Ralf, aus dieser Sicht.

Lasst uns „im Rausch" beginnen!
Zwar ich kann's nicht entsinnen,
doch gibt's wohl ein paar Mann,
die können ihm testieren,
dass er auf allen Vieren
immens stabil sein kann.

Nun, mit dem Sohn, dem Jungen,
ist ihm ein Wurf gelungen,
ein echter Sonnenschein.
Genau so lieb und sonnig,
gesund und auch so wonnig
soll euer zweiter sein!

Das Haus, das hat schon Mauern.
Es wird nicht lange dauern,
dann hat's auch eine Tür,
'ne neue, so zum Schließen.
Die Spender lassen grüßen
und trinken ein'n dafür.

Wär' nur der Baum verblieben.
Der hat noch nicht getrieben.
Der steht noch auf dem Plan.
Mach' dran dich, aber kürzlich!
Dann bist du nicht nur vierzig,
dann bist d' ein echter Mann.

Die „Sieben-Jahres-Meilen"

Der Mensch auf seiner Lebensstraße
durchläuft so manche Werdensphase.
Im Grunde sind's wohl derer drei,
für jeden gleich, gleich wer er sei.
Die erste ist die rezeptive.
Die zweite nennt sich expansive;
die dritte – auch das merkt' ich mir –
integrativ. In der sind wir.

Wenn man's noch näher sich betrachtet,
kann man – der Zwänge ungeachtet –
die Strecke weiter unterteilen
in lauter „Sieben-Jahres-Meilen".

So möcht' man in den ersten Jahren
die Umwelt und sich selbst erfahren,
die Dinge greifen und erfassen.
Für Mutter heißt es aufzupassen,
damit der Kleinen nichts geschieht
an Geist und Körper und Gemüt.

Die zweiten sieben Jahre sind
zum Lernen da. Jawohl, mein Kind!
Nicht für die Schule, nein, fürs Leben
soll einer so sein Bestes geben.

Dann kommt vielleicht die schönste Zeit,
g'rad für die holde Weiblichkeit,
von vierzehn bis so um die zwanzig.
Man weiß allmählich, spürt es an sich,
dass und auf welche Art und Weise
man wirkt auf Knaben, Männer, Greise.

Man eckt mit vielen Leuten an,
stellt Fragen und verzweifelt dran;
merkt schließlich, dass man doch
kein Kind mehr ist und – Teufel noch! –
nicht ganz erwachsen. Aber weiblich
und gar nicht hässlich, sondern weidlich
hübsch anzuseh'n. So nimmt 's kein Wunder,
dass die Verehrer rauf und runter …

Im vierten Abschnitt eines Lebens
so mancher Anlauf ist vergebens.
Einordnen und sich orientieren,
die Leistung suchen, Grenzen spüren.
Das ist der Inhalt dieser Zeit.
Er bildet die Persönlichkeit.

Die Frauen sind recht früh schon dran,
gestalten ihren Lebensplan –
zwar vom Gefühl her, doch bestimmt.
Entschieden wird, wen man sich nimmt
zum Mann für absehbare Zeit,
zu teil'n mit ihm sein Freud und Leid.

Die nächste Phase einzuführen:
Sie gilt dem Ordnen, Etablieren.
Man schafft ein Heim sich und Familie,
bemüht sich um 'ne eig'ne Linie.

Im sechsten Abschnitt, um die vierzig
– wer jünger glaubt zu sein, der irrt sich –,
da plagt schon mal das Zipperlein.
Und dabei soll man Vorbild sein!
Man muss erzieh'n und hat Probleme,
hat Horizonterweit'rungspläne,
und hängt doch selbst an jenen Leinen,
den Zügeln, die zu führ'n wir meinen.

Und jetzt, nach sieben dieser Schritte,
befinden wir uns in der Mitte,
gewissermaßen im Zenit
des Lebens. Sind dabei noch fit,
um nicht nur tatenlos zu warten
(wie dunnemals im Münch'ner Garten
Aloisius, der liebe fromme),
auf dass uns die Erleuchtung komme.

Wir werden älter Jahr für Jahr.
Du kommst mir etwas näher zwar;
doch dir zum Trost sei es gesagt:
Wenn man dich noch so feste jagt,
erreichen wirst mich diesseits nimmer.
Ein bisschen älter bleib ich immer.

In diesem Sinne alles Gute!
Du feierst, wenn ich recht vermute,
Geburtstag neunundvierzig A.
Prosit! Denn dazu sind wir alle da.

Fünfzig – die Mitte des Lebens?

Tja! Fünfzig! Das ist glatt die Hälfte von Hundert.
Die erste, wenn **Null** man zum Ausgangspunkt nimmt.
So alt schon!? **Nun** gib dich nicht gar so verwundert!
Frag' Geli, die gute, die weiß, dass es stimmt!

Man spricht da von Mitte, Zenit eines Lebens.
Das hieße, bis **heute** da ging es bergauf.
Von nun an – sich sträuben, das wäre vergebens –
geht's abwärts. Das ist so der logische Lauf.

Bergauf und bergab – hat sein „für" und sein „gegen".
Den einen juckt's wenig, den ander'n trifft's hart.
Strebt einer zum Gipfel mit Macht und verwegen,
beginnt mit dem Abstieg der zweitschönste Part.

Müht einer als Radler dagegen sich ehrlich
'nen Hügel hinauf oder gar einen Pass,
der findet's bergauf eher ziemlich beschwerlich,
für den macht's bergab erst so richtigen Spaß.

Da lässt man sich Wind um die Nase 'rumwehen,
entspannt und genüsslich. Nur eines ist klar:
Es sollte nicht allzu geschwind abwärts gehen;
denn qualmen die Bremsen, ist höchste Gefahr.

Doch wird es im Grunde den Ausschlag nicht geben,
zu welch einer Kategorie du dich zählst,
wie leicht es dir fällt, hin zum Gipfel zu streben,
wie sehr du vielleicht dich beim Aufsteigen quälst.

Ob Zweckoptimismus, ob schlichtes Negieren,
wir Menschen, wir glauben und setzen darauf,
Dynamik und Jugend nicht zu verlieren.
Wir hoffen, es geht bis ins Alter bergauf.

Es ist halt ein Irrtum, dem gern wir erliegen.
Wir werden nicht jünger. Das wissen wir auch.
Doch tun wir, als könnten wir lernen zu fliegen,
und plumpsen dabei elegant auf den Bauch.

Wir sollten bedenken, das sollten wir schnallen:
Noch fast in den Windeln, so quasi halb nackt,
beginnt schon der Mensch nach und nach zu verfallen.
Der Anfang vom Ende. Ein knallharter Fakt.

Mit anderen Worten, mehr bildhaft gesprochen:
wenn man so verdeckt aufs Verfalldatum schaut,
der Mensch ist mit allem, mit Haut und mit Knochen
nur etwa für zwei Dutzend Jahre gebaut.

Bloß gut, dass sie reichlich Ersatzteile führen
und dass auf der anderen Seit' die Natur
es so arrangiert, dass wir wenig von spüren,
wie's immer mehr abwärts geht auf uns'rer Tour.

Wir Männer, wir bleiben so alt wir uns fühlen
(bei Frauen zählt mehr das „Wie-fühlt-sie-sich-an").
Und hören wir schlechter und seh'n kaum beim Wühlen,
dann wirft uns das lange noch nicht aus der Bahn.

Insofern ist Fünfzig kein Einschnitt im Leben.
Es ist nur ein Meilenstein, nur eine Zahl.
Und davon soll's möglichst noch etliche geben!
Mit Nullen dran, schließlich sind wir dezimal.

Ja, Dieter, mein lieber, so ist's mit den Fünfzig.
Ein herrlicher Anlass, dein heutiges Fest!
Du weißt ja, auch wir feiern gerne und zünftig.
Auf dich und dein Wohl! Und weg mit dem Rest!

So jung und schon sechzig!?

(für einen weiblichen Jubilar)

Ich kann's nicht recht glauben.
Ist's tatsächlich wahr?
Du musst schon erlauben,
dass ich mir ein paar
Gedanken d'rum mache
und die dann auch hier
– es geht um die Sache –
dir brühwarm servier'.

Das Mädel wird sechzig.
Da kannste mal seh'n:
beim Morpheus! Es rächt sich,
so früh aufzusteh'n.

Wärst liegen geblieben
in Abrahams Schoß!
Was hat dich getrieben?
War d' Neugier so groß?
Nur ja nichts verpassen,
dass ja nichts entfällt!
Hätt'st Zeit dir gelassen,
wärst später auf d' Welt!

Dann hättest drei Dinger
auf einmal erreicht:
Zum Ersten wärst jünger,
viel jünger vielleicht.
Hätt'st weder Migräne,
noch Falten im G'sicht.
Hätt'st all deine Zähne,
kei' Sorg' mit 'm Gewicht.

Es wär' dir zum Zweiten
so manches erspart.
Der Krieg und die Zeiten
danach und derart,
die ruhten vergraben
im G'schichtsunterricht.
Erlebt selber haben
muss man das nicht.

Die Zukunft zum Dritten
mit allem Pläsier,
die läg' unumstritten
noch völlig vor dir.
Die Feier von heute,
das ganze Pohei,
die dappischen Leute,
die Lobhudelei,
das ganze Getümmel,
das ganze Heckmeck,
das wäre – oh Himmel! –
noch meilenweit weg.

Doch höre ich richtig?
Es regt sich Protest.
Es geht offensichtlich
ums Sechziger-Fest.
Das will keiner missen.
Da freut man sich drauf.
Da nimmt man mit Wissen
das Alter in Kauf.

Jetzt komm' ich ins Grübeln.
Soll's Alter gemein
von mehreren Übeln
das kleinere sein?

Man findet's was Tolles,
viel jünger zu sein.
Doch ehrlich! Was soll es?
Am End' bist allein.
Die Freunde, die alten,
die um dich herum,
die möchtest behalten.

Das ist aber dumm.
Die wär'n nämlich reichlich
viel älter als du.
Da wär's unausweichlich
und logisch dazu,
dass die so verfahren
als wärst du ein Kind,
von dem sie seit Jahren
die Großeltern sind.
Und schließlich noch eines:
Was machst du denn dann
als Mädel, als kleines,
mit so einem Mann?

Genauer genommen:
Du hätt'st diesen Star
erst gar nicht bekommen.
Das ist dir doch klar!
Damit könnt'st du leben!?
Das machte noch Sinn!?
Du meinst, der daneben,
der sei ohnehin
nur unter den Blinden
das Einaug'. Zudem,
was Bess'res zu finden,
das wär' kein Problem!?

Verlockend mag's klingen.
Doch ist's wie so oft
mit anderen Dingen,
die man sich erhofft.
Sind selten zu kriegen.
Der Alte anstatt
wird schon noch genügen.
Man weiß, was man hat.

Was soll also Jugend?
Sie kann nicht allein
das Maß aller Tugend
und Wertschätzung sein.
Selbst Zukunft, ein Schimmer
der Hoffnung, fürwahr,
ist rosig nicht immer,
nicht mehr, was sie war.

Wir müssen erkennen,
die Einsicht heißt schlicht:
Die Jahre verrennen.
Wir bremsen sie nicht.
Warum also grämen,
dass dem halt so ist?
Wir wollen dich nehmen
so alt wie du bist.

Gedanken um die Sechzig

(eher für einen männlichen Jubilar)

Die Sechzig. Die Sechzig, so hat es den Schein,
die möchten was extra Besonderes sein.
Tatsächlich, genauer betrachtet bei Licht,
so jeden Tag wird man sechzig auch nicht.
Und mancher wär's gern, doch vergeblich die Müh',
wird sechzig sein Leben lang überhaupt nie.
Und die, die es werden, erleben die Zahl
zu allermeist höchstens ein einziges Mal.

Chinesen zum Beispiel, so schlau wie die war'n,
erkannten das früh schon. Und feiern seit Jahr'n
den 60. Tag der Geburtswiederkehr
ganz groß und viel stärker als sonst irgendwer.
Viel stärker als fünfzig, ja hundert sogar.
Das will schon was heißen, das macht' ich mir klar.

So kam ich zum Schluss, und zwar relativ schnell:
die Sechzig sind wirklich exzeptionell.
Und weil dem so ist, darum fragte ich mich:
Was hat's mit der Sechzig denn sonst noch auf sich?

Zum Ersten sind sechzig ein Schock, wie ich weiß.
Ein Schock nicht wie ihr meint, mit Schrecken und Schweiß
(ich hoff' doch, die Sechzig schockier'n nicht so sehr).
Ich meinte ganz einfach fünf Dutzend. Nicht mehr.

Und sechzig Minuten, die sind eine Stund'.
Warum keine hundert? Hat sicher 'nen Grund.
Ich könnte mir vorstell'n, so lang ist's nicht her,
dass so 'ne Stund' Arbeit zu anstrengend wär'.
Doch heute als Rentner, das ist nun mal so,
da wär' ich ob hundert Minuten recht froh.

Und sechzig Sekunden, Ihr ahnet es schon,
das ist 'ne Minute. Gibt viele davon.
Das muss auch so sein, denn die Biester sind keck
und rennen uns einfach und sechzigfach weg.
Ich wünschte, ich könnte so ab und an
Sekunden erhaschen und festhalten dann.

Bei Grade ist's anders, die sind nicht so fix.
Da sind sechzig Grad sechzig Grad und sonst nix.
Das gilt auch für Öfen und Wäschemaschin'n.
Und geh'n deine Socken beim Waschen dahin,
zusammengeschrumpft wie ein Wachskerzendocht,
dann war's nicht bei sechzig, dann war'n sie gekocht.

Geschwindigkeit, heißt es, sei oft Hexerei.
Und sechzig, was anders, ist wieder dabei.
Da fährst du ganz zügig und sichtlich bequem,
doch plötzlich bekommst du ein kleines Problem.
War Dreißiger-Zone und schon hat's geblitzt.
Was nützt's, dass zu zweit du im Wagen sitzt.

Was noch mit den Sechzig? Da fällt mir so ein,
es müsst' in der Musik doch auch etwas sein.
Ja richtig! Ein Sextett besteht generell
aus sechs mal zehn Fingern. Nun rechnet mal schnell!
Ich gebe ja zu, so ein Sextetten-Sound
hat's schwer, wenn 'ne richtige Bigband posaunt.

Wir bleiben beim Spielen und kommen zum Skat,
wo sechzig entscheidenden Stellenwert hat.
Gereizt und gestochen. Am Schluss wird gezählt.
Scheißspiel, wenn ein einziges Auge dir fehlt.
Mit sechzig verloren, verdammter Mist!
Weil sechzig zu sechzig ein g'spaltener ist.

Da kommt mir die Sechzig noch mal in den Sinn
als Richtwert für'n Puls in der Schulmedizin.
Liegt deutlich er drunter, dann schläfst du fast ein.
Doch regst du dich auf, dann kann es schon sein
– sei's gut oder böse, was dich so erregt –,
dass's Herz plötzlich hundertundachtzig Mal schlägt.

Dass's überhaupt schlägt, das ist schon mal gut.
Woll'n hoffen, dass's weiterhin anstandslos tut.
Auf jeden Fall (deswegen steh' ich ja hier),
mein lieber Freund Ludewig, wünsche ich dir
Gesundheit und Glück und 'nen merklichen Schuss
an Weisheit; denn die ist ab sechzig ein Muss.

Achtzig in aller Kürze

Nur ein „Glückwunsch!" reicht mitnichten,
simple Prosa tut's heut nicht.
„Unser Herbert wird's schon richten,
ein, zwei Verse – ein Gedicht."

Alte Burschen salutieren.
Und die Damen – würdevoll.
Wir vom Stammtisch gratulieren.
Und was wünschen wir Frau Kroll?

Kaum Wehwehchen, keine Schmerzen!
Immer guten Appetit!
Regen Geist und Lust zum Scherzen
(Lachen hält die Menschen fit)!

In der Kürze liegt die Würze.
Kinder, Enkel: Freude pur!
Festen Halt und keine Stürze!
Kurzum: alles Gute nur!

Die Feten sind vorüber

Die Feten sind vorüber.
Der Kopf ist wieder klar.
Nur draußen wird es trüber.
November halt, wie's meistens war.

Könnt' ich sie nur addieren,
die Wünsche, die da war'n,
und dann realisieren!
Ich könnt' die Krankenkasse spar'n.

Ich muss nicht lange fragen,
was mir zu sagen bleibt.
Es bleibt mir Dank zu sagen.
Ich weiß, wie groß man „Danke!" schreibt.

Der Autor

Herbert M. Frank wurde 1933 in Schnaittach ge-
boren. Er besuchte ein humanistisches Gymnasium
und widmete sich anschließend einem Chemie-
Ingenieur-Studium. Im Bereich „Kunststoffe" war
er im Laufe seines Berufslebens in einem großen
Unternehmen in allen möglichen Aufgaben-
gebieten tätig, vom technischen Kundendienst
über Produktentwicklung bis hin zum Marketing.
Dabei kam er in den Genuss vieler Reisen, zum Bei-
spiel verbrachte er fünf Jahre in Japan.
Er liebt es, zu dichten, und so können sich Familie
und Freunde zu vielen großen und kleinen An-
lässen über Werke aus seiner Feder freuen. Auch
seine persönliche Tradition der „Jahresend-
Reimerei" ist legendär …

Der Verlag

*Wer aufhört
besser zu werden,
hat aufgehört
gut zu sein!*

Basierend auf diesem Motto ist es dem novum Verlag
ein Anliegen neue Manuskripte aufzuspüren, zu ver-
öffentlichen und deren Autoren langfristig zu fördern.
Mittlerweile gilt der 1997 gegründete und mehrfach
prämierte Verlag als Spezialist für Neuautoren in
Deutschland, Österreich und der Schweiz.

**Für jedes neue Manuskript wird innerhalb
weniger Wochen eine kostenfreie, unverbind-
liche Lektorats-Prüfung erstellt.**

Weitere Informationen zum Verlag und
seinen Büchern finden Sie im Internet unter:

www.novumverlag.com